Weihnachtsdekorationen
HÄKELN

Weihnachtsdekorationen HÄKELN

Dominique Vogt

garant

Vorwort

Was gibt es Schöneres, als es sich im Herbst und in der Vorweihnachtszeit zu Hause mit einem Do-it-youself-Projekt gemütlich zu machen? Wir haben Ihnen deshalb wunderbare Vorschläge für originelle und witzige gehäkelte Weihnachtsdekorationen zusammengestellt. Ganz wunderbar eignen sich diese selbst gemachten Kleinigkeiten auch als Mitbringsel für Ihre Lieben.

Auch wer schon länger nicht mehr gehäkelt hat, braucht nicht zu verzichten: Unsere ausführliche und bebilderte Häkelschule am Anfang des Buches leitet Sie sicher durch die Grundtechniken und die genauen und erprobten Anleitungen machen die Umsetzung leicht.

Wie wäre es als Einstieg mit einem Weihnachtsbaum-Anhänger oder wagen Sie sich gleich an das Rentierkissen?

Wir wünschen viel Spaß und Erfolg bei der Umsetzung!

Ihre Redaktion

Inhalt

Vorwort   Seite 4

Inhalt   Seite 5

Häkelschule   Seite 6–11

Adventskalender   Seite 12–13

Adventskranz   Seite 14–15

Engel   Seite 16–17

Flaschen- oder Glashülle   Seite 18–19

Geschenkanhänger   Seite 20–21

Glocke   Seite 22–23

Großer Schneestern   Seite 24–25

Haselnüsse   Seite 26–27

Kerzen   Seite 28–29

Kerzenuntersetzer   Seite 30–31

Kleiner Schneestern   Seite 32–33

Mistelzweig   Seite 34–35

Nikolausstiefel   Seite 36–37

Pfefferkuchendose   Seite 38–39

Pfefferkuchenhaus   Seite 40–41

Rentierkissen   Seite 42–43

Schneemann   Seite 44–45

Serviettenringe   Seite 46–47

Sternenschale   Seite 48–49

Stuhlhusse   Seite 50–51

Tassenschoner   Seite 52–53

Topflappen   Seite 54–55

Weihnachtsbaum   Seite 56–57

Weihnachtskugel   Seite 58–59

Weihnachtsstern   Seite 60–61

Weihnachtswichtel   Seite 62–63

Impressum   Seite 64

Häkelschule

Abkürzungen

abm = abmaschen
DStb = Doppelstäbchen
fM = feste Masche(n)
hStb = halbe(s) Stäbchen
Km = Kettmasche
Lm = Luftmasche(n)
M = Masche(n)
R = Reihe(n)
Rd = Runde(n)
Stb = Stäbchen
U = Umschlag
Vorrd = Vorrunde(n)
Vorr = Vorreihe(n)
WLm = Wendeluftmasche(n)
zus = zusammen

Maschenprobe

Bevor es mit dem Häkeln losgeht, sollte eine Maschenprobe angefertigt werden, damit das Häkelstück auch wirklich passt, wenn es fertig ist. Dafür wird mit einer Nadel in der angegebenen Stärke und dem angegebenen Garn ein Probestück von etwa 12,0 x 12,0 cm gehäkelt. Dabei werden in der Mitte der Maschenprobe 10,0 x 10,0 cm ausgemessen. Jetzt wird abgezählt, wie viele Maschen auf 10 cm Breite und wie viele Reihen auf 10 cm Höhe vorhanden sind. Wenn die Maschen- oder Reihenzahl größer ist, dann eine dickere Nadel verwenden.
Ist die Maschen- oder Reihenzahl kleiner, eine dünnere Nadel verwenden.

Der Anfang

1. Jede Arbeit mit einer Schlinge beginnen, indem der Faden um Zeigefinger und Daumen gewickelt wird.
2. Nun die Nadel von unten durch die Daumenschlaufe führen.
3. Den Faden vom Zeigefinger holen (Umschlag) und durch die Daumenschlaufe ziehen.
4. Die Schlinge anziehen, sodass sie locker um die Nadel liegt.

Luftmasche/Luftmaschenkette

1. Einen Umschlag machen und durch die Schlinge ziehen.
2. Die Schlinge anziehen, sodass sie locker um die Nadel liegt = 1 Luftmasche.
3. Für eine Luftmaschenkette weitere Luftmaschen häkeln.

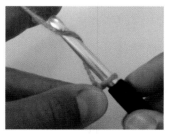 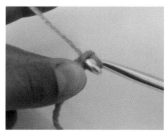 

Häkelschule

Wendeluftmasche

1. Eine Luftmasche am Ende der Reihe häkeln.
2. Die Arbeit wenden und für die 1. Masche der 2. Reihe in die 2. Masche stechen.

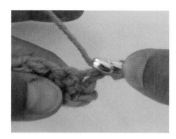

Regeln bei Wendeluftmaschen

Feste Masche = 1 Luftmasche als Wendeluftmasche und in die 2. Masche stechen.

Halbes Stäbchen = 2 Luftmaschen als Wendeluftmaschen und in die 3. Masche stechen.

Ganzes Stäbchen = 3 Luftmaschen als Wendeluftmaschen und in die 4. Masche stechen.

Doppelstäbchen = 4 Luftmaschen als Wendeluftmaschen und in die 5. Masche stechen.

Kettmasche

1. Die Nadel durch ein Maschenglied stechen.
2. Einen Umschlag machen und diesen durch das Maschenglied und die Schlinge ziehen.

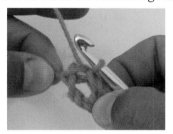

Feste Masche

1. Die Nadel durch ein Maschenglied stechen.
2. Einen Umschlag machen und durch das Maschenglied ziehen.
3. Nun liegen 2 Schlingen auf der Nadel.
4. Einen Umschlag machen und durch die beiden Schlingen ziehen.

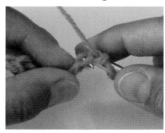

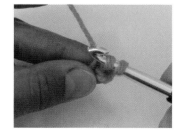
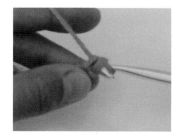

Häkelschule

Halbes Stäbchen

1. Einen Umschlag machen und die Nadel durch ein Maschenglied stechen.
2. Den Umschlag durch das Maschenglied ziehen.
3. Nun liegen 3 Schlingen auf der Nadel. Einen Umschlag machen und durch alle 3 Schlingen ziehen.
4. Die Schlinge anziehen, sodass sie locker um die Nadel liegt.

   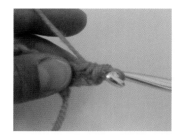

Ganzes Stäbchen

1. Einen Umschlag machen, die Nadel durch ein Maschenglied stechen und den Umschlag durch das Maschenglied ziehen.
2. Nun liegen 3 Schlingen auf der Nadel. Einen Umschlag machen und durch 2 Schlingen ziehen.
3. Nun sind noch 2 Schlingen auf der Nadel. Einen Umschlag holen und durch die restlichen beiden Schlingen ziehen.

Bommel wickeln

1. Aus Pappe 2 Ringe mit dem Durchmesser der gewünschten Bommelgröße ausschneiden. In der Mitte ein Loch von einer Größe von ca. 1/3 des Durchmessers ausschneiden.
2. Beide Scheiben aufeinanderlegen und dann fest mit dem Wollfaden umwickeln.
3. Nun den Faden entlang der Kanten der Pappe aufschneiden.
4. Anschließend einen Faden zwischen die beiden Pappscheiben binden und festknoten. Nun beide Pappscheiben aufschneiden und abziehen.
5. Den Bommel gleichmäßig rund schneiden und an die Mütze annähen.

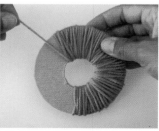 

Häkelschule

In Runden häkeln (Bsp. mit Stb)

1. Eine Luftmaschenkette mit einer Kettmasche schließen.
2. 3 Luftmaschen häkeln (diese zählen als 1. Stäbchen), um die Höhe der nächsten Runde zu erreichen.
3. Dann ein Stäbchen häkeln, wobei der Umschlag durch das Ringloch (Luftmaschenring) gezogen wird.
4. Die Runde mit einer Kettmasche in der 3. Luftmasche der Vorrunde beenden. -> Es entsteht ein Loch in der Mitte.

  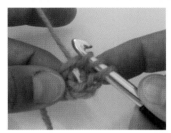 

In Runden häkeln (Spiralrunden)

Bei Spiralrunden wird über den Rundenanfang weitergehäkelt. Somit ergeben sich keine sichtbaren Übergänge, sondern es entsteht ein gleichmäßiges Maschenbild. Zur Vereinfachung und Kennzeichnung des Rundenanfangs einen Faden zwischen die letzte und erste Masche binden.

Häkelschule

Abnahme feste Maschen

1. Die Nadel durch ein Maschenglied stechen, einen Umschlag machen und durch das Maschenglied ziehen.
2. Nun liegen 2 Schlingen auf der Nadel.
3. Die Nadel durch die nächste Masche stechen, einen Umschlag machen und durch das Maschenglied ziehen.
4. Nun liegen 3 Schlingen auf der Nadel. Den Faden durch alle 3 Schlingen ziehen.

   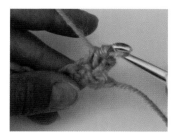

Abnahme Stäbchen

1. Einen Umschlag machen und durch ein Maschenglied stechen.
2. Einen Umschlag machen und durch das Maschenglied ziehen.
3. Nun liegen 3 Schlingen auf der Nadel. Die Nadel durch das nächste Maschenglied stechen.
4. Einen Umschlag machen und durch das Maschenglied ziehen.
5. Nun liegen 4 Schlingen auf der Nadel. Den Faden durch alle 4 Schlingen ziehen.

Zunahmen

Um eine Masche zuzunehmen, werden 2 Maschen in dasselbe Maschenglied gehäkelt.

Farbwechsel

Bei einem Farbwechsel wird der letzte Umschlag mit der neuen Farbe geholt. Die letzte Masche ist somit mit der alten Farbe gehäkelt und auf der Nadel befindet sich für die nächste Masche die neue Farbe. Nach Anleitung weiterhäkeln.

Häkelschule

Fäden vernähen

Anfangs- und Endfaden müssen am Ende vernäht werden.
Benutzen Sie dafür eine Wollnadel oder eine stumpfe Sticknadel.
1. Den Faden durch das Nadelloch ziehen.
2. Die Nadel ca. 5 cm durch die Maschen ziehen.
3. Den Faden kurz abschneiden.

Zusammennähen

1. Den Faden durch das Nadelloch ziehen.
2. Die zu vernähenden Kanten aneinanderlegen.
3. Den Faden an der rechten Kante durch die Masche ziehen.
4. Dann in den linken unteren Rand einstechen und kurz darüber wieder ausstechen.
5. Nun in der rechten Kante darüber einstechen und kurz darüber wieder ausstechen.
6. Bis zum Ende weiterführen.
7. Den Faden kurz abschneiden.

Zusammenhäkeln

1. Die zu schließenden Kanten aneinanderlegen, sodass die Innenseiten außen sind.
2. Mit der Nadel durch beide Teile stechen und eine feste Masche häkeln.
3. In die nächsten Maschen der beiden Teile stechen und wieder eine feste Masche häkeln.
4. Bis zum Ende weiterführen.
5. Den Faden kurz abschneiden.
6. Die Arbeit umdrehen, sodass die Naht innen liegt.

Adventskalender

MATERIAL:
ca. 100 g rot bestehend aus:
45 % Baumwolle
55 % Polyacryl
50 g = 78 m Lauflänge

ca. 100 g weiß bestehend aus:
45 % Baumwolle
55 % Polyacryl
50 g = 78 m Lauflänge

GRUNDMUSTER:
Luftmaschen
Kettmaschen
Feste Maschen
Ganze Stäbchen

HÄKELNADEL:
5,0 mm

MASCHENPROBE:
14 M, 20 R = 10,0 x 10,0 cm

In rot 25 Lm anschlagen und mit 1 Km zum Ring schließen.
Es wird in Spiralrunden weitergearbeitet.
Runde 1-2:
1 hStb in jede M. (25 M)
Runde 3-6:
In weiß 1 hStb in jede M. (25 M)

FINGER:
Runde 1:
18 hStb, 6 M überspringen (Daumen), 1 hStb. (19 M)
(Der Kreis ist nun in 2 Teile geteilt, Finger 18 M und Daumen 6 M)
Runde 2-4:
1 hStb in jede M. (19 M)
Runde 5:
1 hStb in jede M, 18. und 19. zus abm. (18 M)
Runde 6:
Jede 2. M abnehmen. (12 M)
Runde 7:
Jede M abnehmen. (6 M)

DAUMEN:
Runde 1:
1 hStb in jede M, 2 hStb in 2 M vom Fingerteil um Verbindung herzustellen. (8 M)
Runde 2:
1 hStb in jede M. (8 M)
Runde 3:
Jede M abnehmen. (4 M)

Fertigstellung:
1.) Alle Fäden vernähen.
2.) Zahl aufsticken.
3.) An einem Seil aufhängen.

> **Tipp:**
> Sie können mit den Farben sehr variieren. Häkeln Sie doch einfach
> einen Handschuh klassisch in rot und machen Sie den Rand weiß.
> Wenn Sie am Anfang noch 3 weitere Runden á 25 hSt häkeln,
> bekommen Sie einen Rand zum Umschlagen.
> Lassen Sie Ihrer Kreativität freien Lauf.

Adventskranz ø ca. 22 cm

MATERIAL:
ca. 65 g grün bestehend aus:
100 % Baumwolle
50 g = 115 m Lauflänge
ca. 50 g hellbraun bestehend aus:
55% Polyacryl, 45% Baumwolle
50 g = 78 m Lauflänge

ca. 15 g dunkelbraun bestehend aus:
100 % Polyacryl
400 g = 1200 m Lauflänge

Reste in rot
Reste in orange
Reste in schwarz
Reste in gold

GRUNDMUSTER:
Luftmaschen
Kettmaschen
Feste Maschen
Halbe Stäbchen
Ganze Stäbchen

Füllmaterial für Kerzen ca. 5 Handvoll
Styroporring ø 22 cm

HÄKELNADEL:
5,0 mm

MASCHENPROBE:
22 M, 29 R = 10,0 x 10,0 cm (grün)
22 M, 30 R = 10,0 x 10,0 cm (hellbraun)
22 M, 30 R = 10,0 x 10,0 cm (dunkelbraun)

KRANZ:
In grün 27 Lm anschlagen und mit 1 Km zum Ring schließen.
Es wird in Spiralrunden weitergearbeitet.
Runde 1:
1 fM in jede M. (27 M)
Runde 2-60:
1 Stb in jede M. (27 M)

KERZEN (4 STÜCK):
In hellbraun 6 Lm anschlagen und mit 1 Km zum Ring schließen.
Es wird in Spiralrunden weitergearbeitet.
Runde 1:
Jede M mit hStb verdoppeln. (12 M)
Runde 2:
Jede 2. M verdoppeln. (18 M)
Runde 3-5:
1 hStb in jede M. (18 M)
Runde 6:
Jede 2. M abnehmen. (12 M)
Mit Füllwatte ausstopfen.
Runde 7:
Jede M abnehmen. (6 M)

KERZENHALTER (4 STÜCK):
In dunkelbraun 6 Lm anschlagen und mit 1 Km zum Ring schließen.
Es wird in Spiralrunden weitergearbeitet.
Runde 1:
Jede M mit hStb verdoppeln. (12 M)
Runde 2:
Jede 2. M verdoppeln. (18 M)
Runde 3:
Jede 3. M verdoppeln. (24 M)
Runde 4:
Jede 4. M verdoppeln. (30 M)
Runde 5:
Jede 5. M verdoppeln. (36 M)
Runde 6-7:
1 hStb in jede M. (36 M)
Runde 8:
In gold 1 hStb in jede M. (36 M)

FLAMME (4 STÜCK):
In rot 5 Lm anschlagen und mit 1 Km zum Ring schließen.
EEs wird in Spiralrunden weitergearbeitet.
Runde 1:
Jede M mit hStb verdoppeln. (10 M)
Runde 2:
In orange 1. und 2. M, 5. und 6. zus abm. (8 M)
Runde 3:
1. und 2. M, 3. und 4. zus abm. (6 M)
Runde 4:
In gelb 1. und 2. M, 3. und 4. zus abm. (4 M)
Runde 5:
1. und 2. M, 3. und 4. zus abm. (2 M)

DOCHT (4 STÜCK):
In schwarz 3 Lm anschlagen.

Fertigstellung:
1.) Den Styroporring an einer Seite aufschneiden und den
   Schlauch darüberziehen. Alles gut vernähen.
2.) Die Flamme an der Kerze festmachen und die Kerze an sich im
   Halter befestigen.
3.) Zusammen auf dem Ring annähen.
4.) Nach Lust und Laune dekorieren, z.B. mit einem gehäkelten
   Weihnachtsstern.

Engel ca. 8 cm lang

MATERIAL:
ca. 5 g weiß bestehend aus:
100 % Baumwolle
100 g = 556 m Lauflänge

Reste in silber

Füllmaterial eine Fingerkuppe

GRUNDMUSTER:
Luftmaschen
Kettmaschen
Feste Maschen
Halbe Stäbchen
Ganze Stäbchen
Doppelte Stäbchen

HÄKELNADEL:
1,5 mm

MASCHENPROBE:
40 M, 50 R = 10,0 x 10,0 cm

KÖRPER:
In silber 32 Lm anschlagen und mit 1 Km zum Ring schließen.
Es wird in Spiralrunden weitergearbeitet.
Runde 1:
1 fM in jede M. (32 M)
Runde 2-5:
In weiß 1 fM in jede M. (32 M)
Runde 6:
In silber *3 fM, 1 tiefer gestochenes Stb in fM der 1. Rd*, von * bis * 7-mal wiederholen. (32 M)
Runde 7:
1 fM in jede M. (32 M)
Runde 8:
In weiß *3 fM, 1 tiefer gestochenes Stb in fM der 4. Rd*, von * bis * 7-mal wiederholen. (32 M)
Runde 9:
1 fM in jede M. (32 M)
Runde 10:
In silber *3 fM, 1 tiefer gestochenes Stb in fM der 6. Rd*, von * bis * 7-mal wiederholen. (32 M)
Runde 11:
1 fM in jede M. (32 M)
Runde 12:
In weiß *3 fM, 1 tiefer gestochenes Stb in fM der 8. Rd*, von * bis * 7-mal wiederholen. (32 M)
Runde 13:
1 fM in jede M. (32 M)
Runde 14:
Jede 7. M abnehmen. (28 M)
Runde 15:
Jede 6. M abnehmen. (24 M)
Runde 16:
Jede 5. M abnehmen. (20 M)
Runde 17:
Jede 4. M abnehmen. (16 M)
Runde 18-19:
1 Stb in jede M. (16 M)
Runde 20:
In silber 1 fM in jede M. (16 M)
Runde 21:
In weiß jede 3. M abnehmen. (12 M)
Runde 22:
Jede 2. M abnehmen. (8 M)
Runde 23:
Jede M abnehmen. (4 M)

KOPF:
In weiß 6 Lm anschlagen.
Es wird in Spiralrunden weitergearbeitet.
Runde 1:
Jede M mit fM verdopppeln. (12 M)
Runde 2:
Jede 2. M mit fM verdopppeln. (18 M)
Runde 3:
Jede 3. M mit fM verdopppeln. (24 M)
Runde 4-7:
1 fM in jede M. (24 M)
Runde 8:
Jede 3. M abnehmen. (18 M)
Mit Füllwatte ausstopfen.
Runde 9:
Jede 2. M mit fM verdopppeln. (12 M)
Runde 10:
Jede M mit fM verdopppeln. (6 M)

ARME (2 STÜCK):
In weiß 6 Lm anschlagen.
Reihe 1:
1 WLm, 1 Stb in jede M. (6 M)

FLÜGEL (2 STÜCK):
In weiß 15 Lm anschlagen.
Reihe 1-6:
1 Lm, 1 hStb in jede M. (15 M)
An beiden kürzeren Enden jeweils weiterhäkeln:
3 DStb in 1 M, 1 Reihe überspringen, 3 Stb in 1 M, 1 Reihe überspringen, 3 hStb in 1 M, 3 fM in 1 M.

HEILIGENSCHEIN:
In silber 12 Lm anschlagen und mit 1 Km zum Ring schließen.

Fertigstellung:
1.) Heiligenschein am Kopf festmachen.
2.) Kopf auf den Körper nähen.
3.) Arme am Oberkörper befestigen.
     Nach Heiligenschein ausrichten.
4.) Flügel in der Mitte raffen und am Körper annähen.

Tiefer gestochene Maschen:
Bei tiefer gestochenen Maschen wird 2 oder 3 Reihen tiefer in die Masche gestochen und nicht in die der Vorrunde.

Flaschen- oder Glashülle ca. 13 cm lang

MATERIAL:
ca. 20 g weiß bestehend aus:
45 % Baumwolle
55 % Polyacryl
50 g = 78 m Lauflänge

Reste in schwarz
Reste in rot

GRUNDMUSTER:
Luftmaschen
Kettmaschen
Feste Maschen
Halbe Stäbchen
Ganze Stäbchen

HÄKELNADEL:
5,0 mm

MASCHENPROBE:
9 M, 12 R = 10,0 x 10,0 cm

In weiß 6 Lm anschlagen und mit 1 Km zum Ring schließen.
Es wird in Spiralrunden weitergearbeitet.
Runde 1:
Jede M mit hStb verdopppeln. (12 M)
Runde 2:
Jede 2. M mit fM verdopppeln. (18 M)
Runde 3:
Jede 3. M mit fM verdopppeln. (24 M)
Runde 4:
1 hStb in jede M. (24 M)
Runde 5:
1. und 2. M zus abm, 5. und 6. M zus abm, 18. und 19. M zus abm.
(21 M)
Runde 6-8:
1 Stb in jede M. (21 M)

KOPF (2 STÜCK):
In weiß 6 Lm anschlagen.
Es wird in Spiralrunden weitergearbeitet.
Runde 1:
Jede M mit fM verdopppeln. (12 M)
Runde 2:
Jede 2. M mit fM verdopppeln. (18 M)
Runde 3:
Jede 3. M mit fM verdopppeln. (24 M)
Runde 4:
Jede 4. M mit fM verdopppeln. (30 M)

HUT:
In schwarz 14 Lm anschlagen.
Reihe 1-2:
1 WLm, 1 fM in jede M. (14 M)
Reihe 3:
Neu ansetzen bei 4. M, 1 WLm, 1 fM in jede M. (8 M)
Reihe 4-5:
1 WLm, 1 fM in jede M. (8 M)

NASE:
In rot 3 Lm anschlagen.
Reihe 1:
1 WLm, 1 fM in jede M. (3 M)
Reihe 2:
1 WLm, 1 M überspringen, 1 fM in jede M. (2 M)
Reihe 3:
1 WLm, 1 M überspringen, 1 fM. (1 M)

Fertigstellung:
1.) Nase ins Gesicht nähen. Augen und Mund aufsticken.
Hut befestigen.
2.) Das zweite Exemplar vom Kopf von hinten aufnähen (an Teil 1),
damit die Nähte nicht zu sehen sind.
3.) Fertigen Kopf an das Hauptstück nähen.
4.) Fäden vernähen.

Geschenkanhänger ca. 6 cm lang

MATERIAL:
ca. 5 g braun bestehend aus:
100 % Baumwolle
50 g = 115 m Lauflänge

ca. 5 g weiß bestehend aus:
45 % Baumwolle
55 % Polyacryl
50 g = 78 m Lauflänge

Reste in gold
Reste in rot

GRUNDMUSTER:
Luftmaschen
Kettmaschen
Feste Maschen
Ganze Stäbchen

HÄKELNADEL:
3,0 mm

MASCHENPROBE:
14 M, 20 R = 10,0 x 10,0 cm (weiß)
22 M, 29 R = 10,0 x 10,0 cm (braun)

PFEFFERKUCHEN:
In braun 10 Lm anschlagen.
Reihe 1-9:
1 WLm, 1 hStb in jede M. (10 M)

MANDELSTÜCKCHEN (4 STÜCK):
In weiß 4 Lm anschlagen.
Reihe 1:
1 M überspringen, 1 Stb, 1 fM, 1 Km.

MANDELSTÜCKCHEN (MITTE):
In weiß 4 Lm anschlagen.
Reihe 1:
1 M überspringen, 3 hStb.

HENKEL:
In braun an Pfefferkuchen anhäkeln, 14 Lm, enden mit 1 Km am anderen Ende des Pfefferkuchens. (Schlaufe für das Geschenk)

Fertigstellung:
1.) Die Mandelstücke auf dem einen Teil des Lebkuchens befestigen.
2.) Auf der anderen Seite dem anderen Teil den Namen aufsticken.
3.) Danach das zweite Pfefferkuchenstück annähen.

ZIPFELMÜTZE:
In rot 10 Lm anschlagen.
Reihe 1:
1 WLm, 1 hStb in jede M. (10 M)
Reihe 2:
1 WLm, 1 M überspringen, 8 hStb, 9. und 10. M zus abm. (8 M)
Reihe 3:
1 WLm, 1 M überspringen, 6 hStb, 7. und 8. M zus abm. (6 M)
Reihe 4:
1 WLm, 1 M überspringen, 4 hStb, 5. und 6. M zus abm. (4 M)
Reihe 5:
1 WLm, 1 M überspringen, 2 hStb, 3. und 4. M zus abm. (2 M)
Reihe 6:
1 WLm, 1 M überspringen, 1 hStb. (1 M)

In weiß 10 Lm anschlagen.
Reihe 1-4:
1 WLm, 1 hStb in jede M. (10 M)

BOMMEL:
In weiß 2 Lm anschlagen.
Reihe 1:
8 hStb in 2. M. (8 M)

Fertigstellung:
1.) Die Bommel oben an die Zipfelmütze nähen.
2.) Den weißen Part der Zipfelmütze unten an der Mütze befestigen.
3.) Den Names des Kindes aufsticken.

Glocke ca. 5 cm lang

MATERIAL:
ca. 4 g weiß bestehend aus:
100 % Baumwolle
100 g = 556 m Lauflänge

Reste in gold

Füllmaterial eine Fingerkuppe

GRUNDMUSTER:
Luftmaschen
Kettmaschen
Feste Maschen
Halbe Stäbchen
Ganze Stäbchen
Doppelstäbchen

HÄKELNADEL:
1,5 mm

MASCHENPROBE:
40 M, 50 R = 10,0 x 10,0 cm

In weiß 6 Lm anschlagen und mit 1 Km zum Ring schließen.
Runde 1:
1 Lm, 12 fM um den Ring häkeln, enden mit 1 Km in Lm.
Runde 2:
3 Lm, jede M mit Stb verdoppeln, enden mit 1 Km in 3. Lm. (24 M)
Runde 3:
2 Lm (1. hStb), 2 Lm, 1 M überspringen, *1 hStb, 2 Lm, 1 M überspringen*, von * bis * 10-mal wiederholen, enden mit 1 Km in 2. Lm. (36 M)
Runde 4:
1 Lm (1. fM), 1 fM in jede M, enden mit 1 Km in Lm. (36 M)
Runde 5:
In gold 3 Lm (1. Stb), 1 DStb, 1 Stb, 1 hStb, *1 Stb, 1 DSt, 1 Stb, 1 hStb*, von * bis * 7-mal wiederholen, enden mit 1 Km in 3. Lm. (36 M)
Runde 6:
In weiß 3 Lm (1. Stb), 1 hStb, 1 Stb, 1 DStb, *1 Stb, 1 hSt, 1 Stb, 1 DStb*, von * bis * 7-mal wiederholen, enden mit 1 Km in 3. Lm. (36 M)
Runde 7-8:
1 Lm (1. fM), 1 fM in jede M, enden mit 1 Km in Lm. (36 M)
Runde 9:
1 Lm (1. fM), 2 fM, 3 Stb in 1 M, *3 fM, 3 Stb in 1 M*, von * bis * 7-mal wiederholen. (54 M)
Runde 10:
In gold 1 Lm (1. fM), 1 fM in jede M, enden mit 1 Km in Lm. (54 M)

KUPPEL:
Runde 1:
In weiß in Runde 2 ansetzen und 1 fM in jede M. (24 fM)
Runde 2:
1 fM in jede M. (24 fM)
Runde 3:
Jede 3. M abnehmen. (18 fM)
Runde 4:
Jede 2. M abnehmen. (12 fM)
Mit Füllwatte ausstopfen.
Runde 5:
Jede M abnehmen. (6 fM)

Fertigstellung:
Alle Fäden vernähen und die Glocke in Form ziehen, eventuell stärken.

> **Tipp:**
> Wenn Sie dickere Wolle verwenden,
> wird die Glocke entsprechend größer.

Großer Schneestern ⌀ ca. 7 cm

MATERIAL:
ca. 4 g weiß bestehend aus:
100 % Baumwolle
100 g = 556 m Lauflänge

GRUNDMUSTER:
Luftmaschen
Kettmaschen
Feste Maschen
Ganze Stäbchen

HÄKELNADEL:
1,5 mm

MASCHENPROBE:
40 M, 50 R = 10,0 x 10,0 cm

In weiß 6 Lm anschlagen und mit 1 Km zum Ring schließen.

Runde 1:
3 Lm (1. Stb), 11 Stb um den Ring häkeln, enden mit 1 Km in 3. Lm. (12 M)

Runde 2:
3 Lm (1. Stb), 1 Stb in Fuß der 3 Lm, 1 Lm, *2 Stb in 1 M, 1 Lm*, von * bis * 10-mal wiederholen, enden mit 1 Km in 3. Lm. (36 M)

Runde 3:
3 Lm (1. Stb), 1 Stb um Lm der Vorr, 3 Lm, 2 Stb um dieselbe Lm, 1 Lm, *2 Stb um Lm der Vorr, 3 Lm, 2 Stb um dieselbe Lm, 1 Lm*, von * bis * 10-mal wiederholen, enden mit 1 Km in 3. Lm.

Runde 4:
1 Lm, 6 Lm, *1 fM um Lm der Vorr, 6 Lm*, von * bis * 10-mal wiederholen, enden mit 1 Km in Lm. (12 Bögen)

Runde 5:
2 fM in die ersten 2 Lm des Bogens, 3 Lm, 1 Km in 2. M des Bogens, 3 Lm, 1 Km in 3. M des Bogens, 3 Lm, 1 fM in 4. M des Bogens, 1 fM in 5. M des Bogens, 6. M des Bogens mit fM der Vorr zusammen abmaschen, von * bis * für jeden Bogen wiederholen.

Fertigstellung:
Alle losen Enden vernähen und einen Faden zum Aufhängen anbringen.

Tipp:
Es sieht auch sehr schön aus, wenn man Runde 4 und 5 mit einer anderen Farbe bzw. mit glitzerndem Garn häkelt. Natürlich kann man auch Runde 1 bis Runde 4 in einer anderen Farbe häkeln.

Haselnüsse ø ca. 2,5 cm

MATERIAL:
ca. 5 g dunkelbraun bestehend aus:
100 % Polyacryl
400 g = 1200 m Lauflänge

Reste in weiß
Reste in hellbraun

Füllmaterial eine Fingerkuppe

GRUNDMUSTER:
Luftmaschen
Kettmaschen
Feste Maschen

HÄKELNADEL:
3,0 mm

MASCHENPROBE:
22 M, 30 R = 10,0 x 10,0 cm

In weiß oder hellbraun 6 Lm anschlagen und mit 1 Km zum Ring schließen.
Es wird in Spiralrunden weitergearbeitet.
Runde 1:
Jede M mit fM verdoppeln. (12 M)
Runde 2:
Jede 2. M verdoppeln. (18 M)
Runde 3:
In braun jede 3. M verdoppeln. (24 M)
Runde 4-5:
1 fM in jede M. (24 M)
Runde 6:
Jede 3. M abnehmen. (18 M)
Runde 7:
Jede 2. M abnehmen. (12 M)
Mit Füllwatte ausstopfen.
Runde 8:
1. und 2. M und 5. und 6. M zus abm. (10 M)
Runde 9:
1. und 2. M und 4. und 5. M zus abm. (8 M)
Runde 10:
1. und 2. M und 3. und 4. M zus abm. (6 M)

Fertigstellung:
Alle Fäden vernähen.

Kerzen ca. 14/16 cm lang

MATERIAL:
ca. 30 g weiß bestehend aus:
70 % Polyacryl
30 % Schurwolle
50 g = 60 m Lauflänge

Reste in gelb
Reste in orange
Reste in rot
Reste in schwarz

Füllmaterial 5 Handvoll

GRUNDMUSTER:
Luftmaschen
Kettmaschen
Feste Maschen

HÄKELNADEL:
5,0 mm

MASCHENPROBE:
14 M, 18 R = 10,0 x 10,0 cm

KERZE 1:
In weiß 6 Lm anschlagen und mit 1 Km zum Ring schließen. Es wird in Spiralrunden weitergearbeitet.
Runde 1:
Jede M mit fM verdoppeln, dabei nur in das hintere Glied der M stechen. (12 M)
Runde 2:
Jede 2. M verdoppeln. (18 M)
Runde 3:
Jede 3. M verdoppeln. (24 M)
Runde 4:
Jede 4. M verdoppeln. (30 M)
Runde 5-19:
1 fM in jede M. (30 M)
Runde 20:
Jede 4. M abnehmen. (24 M)
Runde 21:
Jede 3. M abnehmen. (18 M)
Mit Füllwatte ausstopfen.
Runde 22:
Jede 2. M abnehmen. (12 M)
Runde 23:
Jede M abnehmen. (6 M)

FLAMME:
In gelb 6 Lm anschlagen und mit 1 Km zum Ring schließen. Es wird in Spiralrunden weitergearbeitet.
Runde 1:
Jede 2. M verdoppeln. (9 M)
Runde 2:
In orange 1 fM in jede M. (9 M)
Runde 3:
3. und 4. M zus abm. (8 M)
Runde 4:
3. und 4. M zus abm. (7 M)
Runde 5:
In rot 3. und 4. M zus abm. (6 M)
Runde 6:
3. und 4. M zus abm. (5 M)

Fertigstellung:
Flamme zu einer schönen Spitze formen und annähen.

KERZE 2:
In weiß 6 Lm anschlagen und mit 1 Km zum Ring schließen. Es wird in Spiralrunden weitergearbeitet.
Runde 1:
Jede M mit fM verdoppeln, dabei nur in das hintere Glied der M stechen. (12 M)
Runde 2:
Jede 2. M verdoppeln. (18 M)
Runde 3:
Jede 3. M verdoppeln. (24 M)
Runde 4:
Jede 4. M verdoppeln. (30 M)
Runde 5:
Jede 5. M verdoppeln. (36 M)
Runde 6-30:
1 fM in jede M. (36 M)
Runde 31:
Jede 5. M abnehmen. (30 M)
Runde 32:
Jede 4. M abnehmen. (24 M)
Runde 33:
Jede 3. M abnehmen. (18 M)
Mit Füllwatte ausstopfen.
Runde 34:
Jede 2. M abnehmen. (12 M)
Runde 35:
Jede M abnehmen. (6 M)

DOCHT:
In schwarz 2 Lm anschlagen.
Reihe 1-2:
1 WLm, 1 fM in jede M. (2 M)

Fertigstellung:
Kerze formen und Docht an der Oberseite in der Mitte annähen.

Rippen-Effekt
Wird die Häkelnadel nur durch die vordere Maschenschlinge eingestochen, so bildet sich ein Rippenmuster.
Arbeiten Sie dagegen nur in die hintere Maschenschlinge, entsteht eine feine waagerechte Linie.
Am schönsten wirken diese Strukturen bei kurzen Maschen wie beispielsweise festen Maschen oder halben Stäbchen.

Kerzenuntersetzer ⌀ ca. 9 cm

MATERIAL:
ca. 30 g grün bestehend aus:
100 % Polyacryl
100 g = 300 m Lauflänge

Reste in gold

GRUNDMUSTER:
Luftmaschen
Kettmaschen
Feste Maschen
Halbe Stäbchen
Ganze Stäbchen

HÄKELNADEL:
1,5 mm

MASCHENPROBE:
22 M, 30 R = 10,0 x 10,0 cm

In dunkelbraun 6 Lm anschlagen und mit 1 Km zum Ring schließen.
Es wird in Spiralrunden weitergearbeitet.

Runde 1:
Jede M mit fM verdoppeln. (12 M)
Runde 2:
Jede 2. M verdoppeln. (18 M)
Runde 3:
Jede 3. M verdoppeln. (24 M)
Runde 4:
Jede 4. M verdoppeln. (30 M)
Runde 5:
Jede 5. M verdoppeln. (36 M)
Runde 6:
Jede 6. M verdoppeln. (42 M)
Runde 7:
Jede 7. M verdoppeln. (48 M)
Runde 8:
Jede 8. M verdoppeln. (54 M)
Runde 9:
Jede 9. M verdoppeln. (60 M)
Runde 10:
Jede 10. M verdoppeln. (66 M)
Runde 11-13:
1 fM in jede M. (66 M)
Runde 14:
Jede 10. M abnehmen. (60 M)
Runde 15:
In gold 1 fM in jede M. (60 M)

Kleiner Schneestern ø ca. 4 cm

MATERIAL:
ca. 4 g weiß bestehend aus:
100 % Baumwolle
100 g = 556 m Lauflänge

GRUNDMUSTER:
Luftmaschen
Kettmaschen
Feste Maschen
Ganze Stäbchen

HÄKELNADEL:
1,5 mm

MASCHENPROBE:
40 M, 50 R = 10,0 x 10,0 cm

In weiß 6 Lm anschlagen und mit 1 Km zum Ring schließen.

Runde 1:
3 Lm (1. Stb), 11 Stb um den Ring häkeln, enden mit 1 Km in 3. Lm. (12 M)

Runde 2:
1 Lm, 6 Lm, 1 M überspringen, *1 fM, 6 Lm, 1 M überspringen*, von * bis * 4-mal wiederholen, enden mit 1 Km in Lm. (6 Bögen)

Runde 3:
2 fM in die ersten 2 Lm des Bogens, 3 Lm, 1 Km in 2. M des Bogens, 3 Lm, 1 Km in 3. M des Bogens, 3 Lm, 1 fM in 4. M des Bogens, 1 fM in 5. M des Bogens, 6. M des Bogens mit fM der Vorr zusammen abmaschen, von * bis * für jeden Bogen wiederholen.

Fertigstellung:
Alle losen Enden vernähen und einen Faden zum Aufhängen anbringen.

> **Tipp:**
> Es sieht auch sehr schön aus, wenn man Runde 3 mit einer anderen Farbe bzw. mit glitzerndem Garn häkelt.

Mistelzweig ca. 7 cm lang

MATERIAL:
ca. 10 g grün bestehend aus:
100 % Baumwolle
50 g = 115 m Lauflänge

Reste in weiß (dünneres Garn)

GRUNDMUSTER:
Luftmaschen
Kettmaschen
Feste Maschen
Halbe Stäbchen
Ganze Stäbchen
Doppelstäbchen

HÄKELNADEL:
3,0 mm

MASCHENPROBE:
22 M, 29 R = 10,0 x 10,0 cm

STIEL:
In grün 20 Lm anschlagen.

ZWEIGE LANG (2 STÜCK):
In grün 20 Lm anschlagen.

ZWEIGE KURZ (2 STÜCK):
In grün 8 Lm anschlagen.

BLÄTTER (8 STÜCK):
In grün 8 Lm anschlagen.
Reihe 2:
1 WLm, 1 fM, 1 hStb, 1 Stb, 1 DStb, 1 Stb, 1 hStb, 1 fM, enden mit 1 Km. (8 M)

KUGELN (2 STÜCK):
In weiß 3 Lm anschlagen und mit 1 Km zum Ring schließen.
Runde 1:
Jede M mit 1 fM verdoppeln. (6 M)
Runde 2:
1 fM in jede M. (6 M)
Runde 3:
Jede M abnehmen. (3 M)

Fertigstellung:
1.) Stiel zusammenklapen und zusammennähen.
2.) An den Stiel im rechten Winkel die langen Zweige annähen. Die kurzen Zweige nach 12 Lm der langen Zweige befestigen.
3.) Die Blätter an die Enden der Seitenzweige befestigen.
4.) Die Kugeln an der Verbindungsstelle zwischen Stiel und Zweig festmachen.

Nikolausstiefel ca. 15 cm lang

MATERIAL:
ca. 25 g rot bestehend aus:
100 % Baumwolle
50 g = 115 m Lauflänge

Reste in weiß
Reste in gold (dünneres Garn)

GRUNDMUSTER:
Luftmaschen
Kettmaschen
Feste Maschen
Halbe Stäbchen
Ganze Stäbchen

HÄKELNADEL:
3,5 mm

MASCHENPROBE:
22 M, 29 R = 10,0 x 10,0 cm

In rot 22 Lm anschlagen.
Runde 1:
3 WLm (1. Stb), 1 M überspringen, 20 Stb, 6 Stb in letzte M, nicht wenden, sondern auf der Rückseite der Lm weiter 20 Stb, enden mit 5 Stb in letzte Lm. (52 M)
Runde 2:
Es wird in Spiralrunden weitergearbeitet.
2 hStb in 3. Lm der Vorr, 20 hStb, die nächsten 5 M verdoppeln, 20 hStb, die nächsten 4 M verdoppeln. (64 M)
Runde 3:
1 hStb in jede M. (64 M)
Runde 4-7:
1 fM in jede M. (64 M)
Runde 8:
20 fM, 6 M zus abm, 32 fM. (58 M)
Runde 9:
18 fM, 5 M zus abm, 30 fM. (53 M)
Runde 10:
16 fM, 4 M zus abm, 28 fM. (49 M)
Runde 11:
14 fM, 3 M zus abm, 26 fM. (46 M)
Runde 12-23:
1 hStb in jede M. (46 M)
Runde 24:
In weiß 1 fM in jede M. (46 M)
Runde 25-28:
1 Stb in jede M. (46 M)

Fertigstellung:
1.) Fäden vernähen und in einer selbst gewählten Runde den goldenen Faden durchziehen.
2.) Nach Belieben noch den Namen des Kindes aufsticken.
3.) Das weiße Stück gehäkelte Wolle einfach umklappen.

Pfefferkuchendose ca. 11,5 cm breit

MATERIAL:
ca. 50 g braun bestehend aus:
100 % Baumwolle
50 g = 115 m Lauflänge

Reste in weiß

Schaumstoff als Rechteck
(zur Stabilisierung beim Stärken)

GRUNDMUSTER:
Luftmaschen
Kettmaschen
Feste Maschen
Halbe Stäbchen
Ganze Stäbchen

HÄKELNADEL:
3,5 mm

MASCHENPROBE:
22 M, 29 R = 10,0 x 10,0 cm

UNTERTEIL:
In braun 20 Lm anschlagen.
Reihe 1-10:
2 WLm, 1 hStb in jede M. (20 M)
Es wird in Spiralrunden weitergearbeitet.
Runde 1:
1 fM in jede M. (60 M)
Runde 2-3:
2 WLm, 1 hStb in jede M. (60 M)
Runde 4:
1 hStb in jede M, dabei jeweils auf der kurzen Seite in der Mitte 1 M abnehmen. (58M)

OBERTEIL:
In braun 24 Lm anschlagen.
Reihe 1-12:
2 WLm, 1 hStb in jede M. (24 M)
Es wird in Spiralrunden weitergearbeitet.
Runde 1:
1 fM in jede M. (72 M)
Runde 2-3:
1 hStb in jede M. (72 M)
Runde 4:
1 hStb in jede M, dabei jeweils auf der kurzen Seite in der Mitte 1 M abnehmen. (70M)

MANDELSTÜCK (MITTE):
In weiß 6 Lm anschlagen.
Reihe 1:
1 M überspringen, 1 Stb, 1 hStb, 1 fM, 1 hStb, 1 Stb.

MANDELSTÜCKE (AUSSEN 4 STÜCK):
In weiß 5 Lm anschlagen.
Reihe 1:
1 M überspringen, 1 Stb, 1 hStb, 1 fM, 1 Km.

Fertigstellung:
1.) Die Mandelstücke auf dem oberen Teil der Pfefferkuchendose befestigen.
2.) Wer möchte, kann sie mit Styropor füllen und einfach nur hinstellen oder stärken und als Dose nutzen.

Pfefferkuchenhaus ca. 10 cm lang

MATERIAL:
ca. 40 g braun bestehend aus:
100 % Baumwolle
50 g = 115 m Lauflänge

Reste in weiß
Reste in dunkelbraun
Reste in mittelbraun

Schaumstoff in Hausform

GRUNDMUSTER:
Luftmaschen
Kettmaschen
Feste Maschen
Halbe Stäbchen
Ganze Stäbchen

HÄKELNADEL:
3,5 mm

MASCHENPROBE:
22 M, 29 R = 10,0 x 10,0 cm

TEIL 1 (2 STÜCK):
In braun 15 Lm anschlagen.
Reihe 1-9:
2 WLm, 1 hStb in jede M. (15 M)

TEIL 2 (2 STÜCK):
In braun 10 Lm anschlagen.
Reihe 1-9:
2 WLm, 1 hStb in jede M. (10 M)
Reihe 10:
1. und 2. M zus abm und 9. und 10. M zus abm. (8 M)
Reihe 11:
1 hStb in jede M. (8 M)
Reihe 12:
1. und 2. M zus abm und 7. und 8. M zus abm. (6 M)
Reihe 13:
1 hStb in jede M. (6 M)
Reihe 14:
1. und 2. M zus abm und 5. und 6. M zus abm. (4 M)
Reihe 15:
1 hStb in jede M. (4 M)
Reihe 16:
1. und 2. M zus abm und 3. und 4. M zus abm. (2 M)
Reihe 17:
1. und 2. M zus abm (1 M)

FENSTER (4 STÜCK):
In weiß 20 Lm anschlagen.

TÜR:
In weiß 7 Lm anschlagen.
Reihe 1-4:
2 WLm, 1 hStb in jede M. (7 M)

DACH:
In braun 15 Lm anschlagen.
Reihe 1-13:
2 WLm, 1 hStb in jede M. (15 M)

BREZEL:
In dunkelbraun 23 Lm anschlagen und zu einer Brezel formen.

PFEFFERKUCHEN (6 STÜCK):
In mittelbraun 4 Lm anschlagen.
Reihe 1-3:
1 WLm, 1 fM in jede M. (15 M)

Fertigstellung:
1.) Die einzelnen Hausteile zusammennähen und das Innenleben (Schaumstoff) zurechtschneiden und einsetzen.
2.) Fenster anbringen und Unterteilung aufsticken.
3.) Tür befestigen und oben drüber die Brezel annähen.
4.) Den Zaun aufsticken und die weiße Verzierung auf den Pfefferkuchen.

Rentierkissen Ø ca. 20 cm

MATERIAL:

ca. 60 g hellbraun bestehend aus:
45 % Baumwolle
55 % Polyacryl
75 g = 117 m Lauflänge

ca. 60 g dunkelbraun bestehend aus:
45 % Baumwolle
55 % Polyacryl
75 g = 117 m Lauflänge

Reste in rot
Reste in schwarz
Reste in weiß

Füllmaterial 7 Handvoll

GRUNDMUSTER:
Luftmaschen
Kettmaschen
Feste Maschen

HÄKELNADEL:
5,0 mm

MASCHENPROBE:
22 M, 30 R = 10,0 x 10,0 cm (hellbraun)
14 M, 20 R = 10,0 x 10,0 cm (dunkelbraun)

KOPF:

In hellbraun 6 Lm anschlagen und mit
1 Km zum Ring schließen.
Es wird in Spiralrunden weitergearbeitet.
Runde 1:
Jede M mit fM verdoppeln. (12 M)
Runde 2:
Jede 2. M verdoppeln. (18 M)
Runde 3:
Jede 3. M verdoppeln. (24 M)
Runde 4:
Jede 4. M verdoppeln. (30 M)
Runde 5:
Jede 5. M verdoppeln. (36 M)
Runde 6:
Jede 6. M verdoppeln. (42 M)
Runde 7:
Jede 7. M verdoppeln. (48 M)
Runde 8:
Jede 8. M verdoppeln. (54 M)
Runde 9:
Jede 9. M verdoppeln. (60 M)
Runde 10:
Jede 10. M verdoppeln. (66 M)
Runde 11:
Jede 11. M verdoppeln. (72 M)
Runde 12:
Jede 12. M verdoppeln. (78 M)
Runde 13:
Jede 13. M verdoppeln. (84 M)
Runde 14:
Jede 14. M verdoppeln. (90 M)
Runde 15-19:
In dunkelbraun 1 fM in jede M. (90 M)
Runde 20:
Jede 14. M abnehmen. (84 M)
Runde 21:
Jede 13. M abnehmen. (78 M)

Runde 22:
Jede 12. M abnehmen. (72 M)
Runde 23:
Jede 11. M abnehmen. (66 M)
Runde 24:
Jede 10. M abnehmen. (60 M)
Runde 25:
Jede 9. M abnehmen. (54 M)
Runde 26:
Jede 8. M abnehmen. (48 M)
Runde 27:
Jede 7. M abnehmen. (42 M)
Runde 28:
Jede 6. M abnehmen. (36 M)
Runde 29:
Jede 5. M abnehmen. (30 M)
Runde 30:
Jede 4. M abnehmen. (24 M)
Runde 31:
Jede 3. M abnehmen. (18 M)
Mit Füllwatte ausstopfen.
Runde 32:
Jede 2. M abnehmen. (12 M)
Runde 33:
Jede M abnehmen. (6 M)

NASE:

In rot 6 Lm anschlagen und
mit 1 Km zum Ring schließen.
Es wird in Spiralrunden weitergearbeitet.
Runde 1:
Jede M mit fM verdoppeln. (12 M)
Runde 2:
Jede 2. M verdoppeln. (18 M)
Runde 3:
Jede 3. M verdoppeln. (24 M)
Runde 4:
Jede 4. M verdoppeln. (30 M)
Runde 5-6:
1 fM in jede M. (30 M)
Runde 7:
Jede 4. M abnehmen. (24 M)
Runde 8:
Jede 3. M abnehmen. (18 M)
Mit Füllwatte ausstopfen.

AUGEN (2 STÜCK):

Teil 1:
In weiß 6 Lm anschlagen und
mit 1 Km zum Ring schließen.
Es wird in Spiralrunden weitergearbeitet.
Runde 1:
Jede M mit 1 fM verdoppeln.
(12 M)
Runde 2:
Jede 2. M verdoppeln. (18 M)
Runde 3:
Jede 3. M verdoppeln. (24 M)
Runde 4:
Jede 4. M verdoppeln. (30 M)
Runde 5:
Jede 5. M verdoppeln. (36 M)

Teil 2:
In schwarz 6 Lm anschlagen und mit 1 Km zum Ring schließen.
Es wird in Spiralrunden weitergearbeitet.
Runde 1:
Jede M mit fM verdoppeln.
(12 M)
Runde 2-3:
1 fM in jede M. (12 M)
Runde 4:
Jede M abnehmen. (6 M)

GEWEIH (2 STÜCK):

In dunkelbraun 14 Lm anschlagen und mit 1 Km zum
Ring schließen.
Es wird in Spiralrunden weitergearbeitet.
Runde 1-11:
1 fM in jede M. (14 M)

1. Geweihzacken:
Runde 1-5:
5 fM, 9 M überspringen, weiter in Spiralrunden 5 Runden
häkeln (5 M)

Runde 6:
Jede M abnehmen. (3 M)
Die übrigen 9 M + eine Verbindungsmasche vom 1. Zacken
zu einer Runde schließen.
Runde 1-4:
Weiter in Spiralrunden 4 Runden häkeln. (10 M)

2. Geweihzacken
Runde 1-8:
5 fM, 5 M überspringen, weiter in Spiralrunden 8 Runden
häkeln. (5 M)

3. Geweihzacken
Runde 1-2:
5 fM, weiter in Spiralrunden häkeln. (5 M)
Runde 3-4:
1. und 2. M abnehmen, 1 fM in jede M.
(4 M)
Runde 5:
1. und 2. M abnehmen, 1 fM in jede M.
(3 M)
Runde 6:
1. und 2. M abnehmen, 1 fM in jede M.
(2 M)
Runde7:
1. und 2. M abnehmen. (1 M)

Fertigstellung:
1) Geweih ausstopfen und an den äußersten dunkelbraunen Rand nähen.
2) Mittig darunter auf hellbraunen Untergrund die Nase befestigen.
3) Den schwarzen Teil der Augen ausstopfen und an dem weißen Teil annähen. Rechts und links an der Nase festmachen.

Schneemann ca. 27 cm hoch

MATERIAL:
ca. 100 g wollweiß bestehend aus:
20 % Wolle
80 % Polyacryl
100 g = 75 m Lauflänge

ca. 35 g schwarz bestehend aus:
45 % Baumwolle
55 % Polyacryl
75 g = 117 m Lauflänge

Reste in braun
Reste in rot/orange
Reste in weiß

Füllmaterial ca. 5 Handvoll

HÄKELNADEL:
5,0 mm

GRUNDMUSTER:
Luftmaschen
Kettmaschen
Feste Maschen
Halbe Stäbchen
Ganze Stäbchen
Doppelstäbchen

MASCHENPROBE:
9 M, 12 R = 10,0 x 10,0 cm (wollweiß)
14 M, 20 R = 10,0 x 10,0 cm (schwarz)

KÖRPER:
In weiß 6 Lm anschlagen und mit 1 Km zum Ring schließen.
Es wird in Spiralrunden weitergearbeitet.
Runde 1:
Jede M mit fM verdoppeln. (12 M)
Runde 2:
Jede 2. M verdoppeln. (18 M)
Runde 3:
Jede 3. M verdoppeln. (24 M)
Runde 4:
Jede 4. M verdoppeln. (30 M)
Runde 5-8:
1 fM in jede M. (30 M)
Runde 9:
Jede 4. M abnehmen. (24 M)
Runde 10:
Jede 3. M abnehmen. (18 M)
Mit Füllwatte ausstopfen.
Runde 11:
Jede 2. M abnehmen. (12 M)
Runde 12:
1 fM in jede M. (12 M)
Runde 13:
Jede 2. M verdoppeln. (18 M)
Runde 14:
Jede 3. M verdoppeln. (24 M)
Runde 15:
Jede 4. M verdoppeln. (30 M)
Runde 16:
Jede 5. M verdoppeln. (36 M)
Runde 17-20:
1 fM in jede M. (36 M)
Runde 21:
Jede 6. M verdoppeln. (42 M)
Runde 22-24:
1 fM in jede M. (42 M)
Runde 25:
Jede 6. M abnehmen. (36 M)
Runde 26:
Jede 5. M abnehmen. (30 M)
Runde 27:
Jede 4. M abnehmen. (24 M)
Runde 28:
Jede 3. M abnehmen. (18 M)
Mit Füllwatte ausstopfen.

Runde 29:
Jede 2. M abnehmen. (12 M)
Runde 30:
Jede M abnehmen. (6 M)

HUT:
In schwarz 6 Lm anschlagen und mit 1 Km zum Ring schließen.
Es wird in Spiralrunden weitergearbeitet.
Runde 1:
Jede M mit fM verdoppeln. (12 m)
Runde 2:
Jede 2. M verdoppeln. (18 M)
Runde 3:
Jede 3. M verdoppeln. (24 M)
Runde 4:
Jede 4. M verdoppeln. (30 M)
Runde 5:
Jede 5. M verdoppeln. (36 M)
Runde 6:
Jede 6. M verdoppeln. (42 M)
Runde 7:
Jede 7. M verdoppeln. (48 M)
Runde 8-9:
1 fM in jede M. (48 M)
Runde 10:
Jede 7. M abnehmen. (42 M)
Runde 11:
Jede 6. M abnehmen. (36 M)
Runde 12:
1 fM in jede M. (36 M)
Runde 13-14:
1 Stb in jede M. (36 M)
Runde 15:
Jede 5. M mit fM abnehmen. (30 M)
Runde 16:
Jede 4. M abnehmen. (24 M)
Runde 17:
Jede 3. M abnehmen. (18 M)
Mit Füllwatte ausstopfen.
Runde 18:
Jede 2. M abnehmen. (12 M)
Runde 19:
Jede M abnehmen. (6 M)

HUTRAND:
(bei Runde 15 weiterarbeiten)
Runde 1:
Jede M mit fM verdoppeln. (36 m)
Runde 2:
Jede 2. M verdoppeln. (48 M)

NASE:
In rot/orange 3 Lm anschlagen und mit 1 Km zum Ring schließen.
Es wird in Spiralrunden weitergearbeitet.
Runde 1-5:
1 fM in jede M. (3 M)
Runde 6:
1., 2. und 3. M zus abm. (1 M)

SCHAL:
In braun 30 Lm anschlagen.
Reihe 1:
1 Stb in jede M. (30 M)
An die kurzen Enden je 4 Fransen anknüpfen.

AUGEN (2 STÜCK):
TEIL 1:
In weiß 6 Lm anschlagen und mit 1 Km zum Ring schließen.
Runde 1:
Jede 2. M mit fM verdoppeln. (9 M)
TEIL 2:
In schwarz 3 Lm anschlagen und mit 1 Km zum Ring schließen.

KNÖPFE (2 STÜCK):
In schwarz 4 Lm anschlagen und mit 1 Km zum Ring schließen.

Fertigstellung:
1.) Hut formen und auf dem Kopf festnähen.
2.) Die schwarze Pupille auf den weißen Teil nähen. Etwas unterhalb des Hutes anbringen.
3.) Ein wenig unterhalb zwischen den Augen die Nase festmachen.
4.) Mund aufsticken.
5.) Knöpfe annähen.
6.) Schal um den Hals schlingen und etwas feststecken.

Serviettenringe ca. 5,5 cm lang

MATERIAL:
je ca. 10 g weiß und braun bestehend aus:
100 % Baumwolle
50 g = 115 m Lauflänge

Reste in grün
Reste in gold
Reste in silber
Reste in weiß
Reste in verschiedenen Farben

GRUNDMUSTER:
Luftmaschen
Kettmaschen
Feste Maschen
Halbe Stäbchen
Ganze Stäbchen

HÄKELNADEL:
3,0 mm

MASCHENPROBE:
22 M, 29 R = 10,0 x 10,0 cm

RING:
In weiß/braun 27 Lm anschlagen und mit einer Km zum Ring schließen. Es wird in Spiralrunden weitergearbeitet.
Runde 1-7:
1 fM in jede M. (27 M)
Runde 8:
In silber/gold 1 fM in jede M. (27 M)
Runde 9:
Auf der anderen Seite des Rings mit silber/gold anhäkeln und 1 fM in jede M. (27 M)

ENGEL:
Kopf:
In weiß 6 Lm anschlagen und mit 1 Km zum Ring schließen.
Runde 1:
Jede M mit fM verdoppeln. (12 M)

Körper:
In weiß 7 Lm anschlagen.
Reihe 1:
1 hStb in jede M. (7 M)
Reihe 2:
1 M überspringen, 1 hStb in jede M. (6 M)
Reihe 3:
1 M überspringen, 1 hStb in jede M. (5 M)
Reihe 4:
1 M überspringen, 1 hStb in jede M. (4 M)
Reihe 5:
1 M überspringen, 1 hStb in jede M. (3 M)
Reihe 6:
1 M überspringen, 1 hStb in jede M. (2 M)
Reihe 7:
1 M überspringen, 1 hStb in jede M. (1 M)

Flügel:
In weiß 6 Lm anschlagen.
Reihe 1:
1 M überspringen, 1 hStb in jede M. (5 M)
Reihe 2:
1 M überspringen, 1 hStb in jede M. (4 M)
Reihe 3:
1 M überspringen, 1 hStb in jede M. (3 M)
Reihe 4:
1 M überspringen, 1 hStb in jede M. (2 M)
Reihe 5:
1 M überspringen, 1 hStb in jede M. (1 M)

Fertigstellung:
1.) Kopf und Flügel an den Körper nähen.
2.) Engel auf dem Serviettenring befestigen.

TANNENBAUM TEIL 1 (2 STÜCK):
In grün 8 Lm anschlagen.
Reihe 1:
1 M überspringen, 1 hStb in jede M. (7 M)
Reihe 2:
1 M überspringen, 1 hStb in jede M. (6 M)
Reihe 3:
1 M überspringen, 1 hStb in jede M. (5 M)
Reihe 4:
1 M überspringen, 1 hStb in jede M. (4 M)
Reihe 5:
1 M überspringen, 1 hStb in jede M. (3 M)

TANNENBAUM TEIL 2 (1 STÜCK):
In grün 6 Lm anschlagen.
Reihe 1:
1 M überspringen, 1 hStb in jede M. (5 M)
Reihe 2:
1 M überspringen, 1 hStb in jede M. (4 M)
Reihe 3:
1 M überspringen, 1 hStb in jede M. (3 M)
Reihe 4:
1 M überspringen, 1 hStb in jede M. (2 M)
Reihe 5:
1 M überspringen, 1 hStb in jede M. (1 M)

Spitze vom Tannenbaum:
In rot 3 Lm anschlagen und mit 1 Km zum Ring schließen.

Fertigstellung:
1.) Die einzelnen Tannenbaumstücke zusammennähen.
2.) Punkte auf den Baum sticken und die Spitze befestigen
3.) Tannenbaum auf dem Serviettenring festmachen.

Sternenschale ø ca. 20 cm

MATERIAL:
je ca. 50 g gelb und rot bestehend aus:
100 % Baumwolle
50 g = 115 m Lauflänge

GRUNDMUSTER:
Luftmaschen
Kettmaschen
Feste Maschen
Halbe Stäbchen
Ganze Stäbchen

HÄKELNADEL:
3,5 mm

MASCHENPROBE:
22 M, 29 R = 10,0 x 10,0 cm

In gelb 6 Lm anschlagen und mit 1 Km zum Ring schließen.
Es wird in Spiralrunden weitergearbeitet.
Runde 1:
Jede M mit fM verdoppeln. (12 M)
Runde 2:
Jede 2. M verdoppeln. (18 M)
Runde 3:
Jede 3. M verdoppeln. (24 M)
Runde 4:
Jede 4. M verdoppeln. (30 M)
Runde 5:
Jede 5. M verdoppeln. (36 M)
Runde 6:
Jede 6. M verdoppeln. (42 M)
Runde 7:
Jede 7. M verdoppeln. (48 M)
Runde 8:
Jede 8. M verdoppeln. (54 M)
Runde 9:
Jede 9. M verdoppeln. (60 M)
Runde 10:
Jede 10. M verdoppeln. (66 M)
Runde 11:
Jede 11. M verdoppeln. (72 M)
Runde 12:
Jede 12. M verdoppeln. (78 M)
Runde 13:
Jede 13. M verdoppeln. (84 M)
Runde 14:
Jede 14. M verdoppeln. (90 M)

Zacken 1
Reihe 1:
Weiter am Kreis in Reihen häkeln.
1 WLm, 1 fM in jede M. (18 M)
Reihe 2-18:
1 WL, 1 M überspringen, 1 fM in jede M.
Weitere 4 Zacken wie Zacken 1 an Kreis häkeln.

Sterne (5 Stück)
In rot 6 Lm anschlagen und mit 1 Km zum Ring schließen.
Es wird in Spiralrunden weitergearbeitet.
Runde 1:
Jede M mit fM verdoppeln. (12 M)
Runde 2:
Jede 2. M verdoppeln. (18 M)
Runde 3:
Jede 3. M verdoppeln. (24 M)
Runde 4:
Jede 4. M verdoppeln. (30 M)

Zacken 1
Reihe 1:
Weiter am Kreis in Reihen häkeln.
1 WLm, 1 fM in jede M. (6 M)
Reihe 2-6:
1 WLm, 1 M überspringen, 1 fM in jede M.
Weitere 4 Zacken wie Zacken 1 an Kreis häkeln.

Fertigstellung:
1.) Fäden vernähen und nacheinander die roten Sterne an dem
   großen gelben Stern anbringen.
2.) Schale stärken, über einen Ball in Form ziehen und trocknen
   lassen.

Stuhlhusse ca. 40 cm lang

MATERIAL:
ca. 175 g wollweiß bestehend aus:
45 % Baumwolle
55 % Polyacryl
50 g = 78 m Lauflänge

Reste in hellbraun (ca. 40 g)
Reste in gold

GRUNDMUSTER:
Luftmaschen
Kettmaschen
Feste Maschen
Halbe Stäbchen

HÄKELNADEL:
5,0 mm

MASCHENPROBE:
14 M, 20 R = 10,0 x 10,0 cm

In wollweiß 38 Lm anschlagen.
Runde 1:
1 WLm (1. M), 1 M überspringen, 36 fM, 6 fM in letzte M, nicht wenden, sondern auf der Rückseite der Lm weiter 36 fM, enden mit 5 fM in letzte Lm. (84 M)
Runde 2:
Es wird in Spiralrunden weitergearbeitet.
2 hStb in 1. Lm, 36 hStb, die nächsten 6 M verdoppeln, 36 hStb, die nächsten 5 M verdoppeln. (96 M)
Runde 3:
1 hStb in jede M. (96 M)
Runde 4:
Jede 15. M abnehmen. (90 M)
Runde 5:
Jede 14. M abnehmen. (84 M)
Runde 6:
Jede 13. M abnehmen. (78 M)
Runde 7:
1 hStb in jede M. (72 M)

Sterne (3 Stück)
In hellbraun 6 Lm anschlagen und mit 1 Km zum Ring schließen.
Es wird in Spiralrunden weitergearbeitet.
Runde 1:
Jede M mit fM verdoppeln. (12 M)
Runde 2:
Jede 2. M verdoppeln. (18 M)
Runde 3:
Jede 3. M verdoppeln. (24 M)
Runde 4:
Jede 4. M verdoppeln. (30 M)

Zacken 1
Reihe 1:
Weiter am Kreis in Reihen häkeln.
1 WLm, 1 fM in jede M. (6 M)
Reihe 2-6:
1 WLm, 1 M überspringen, 1 fM in jede M.
Weitere 4 Zacken wie Zacken 1 an Kreis häkeln.

Fertigstellung:
1.) Jeden Stern außen mit goldenem Garn umhäkeln.
2.) Fäden vernähen und die beiden kleinen Löcher oben bei der Husse leicht mit stopfen.
3.) Fäden an den Sternen gut vernähen und je nach Belieben auf der Rückseite der Stuhlhusse befestigen.

Tipp:
Um das Ganze noch etwas eleganter zu gestalten, kann durch die unteren Maschen ein passendes Stoffband gezogen werden, welches seitlich von hinten als Schleife gebunden zu sehen ist.

Tassenschoner ca. 9,5 cm lang

MATERIAL:
ca. 30 g rot bestehend aus:
45 % Baumwolle
55 % Polyacryl
50 g = 78 m Lauflänge

Reste in weiß

GRUNDMUSTER:
Luftmaschen
Kettmaschen
Feste Maschen
Ganze Stäbchen

HÄKELNADEL:
5,0 mm (rot)
1,5 mm (weiß)

MASCHENPROBE:
14 M, 20 R = 10,0 x 10,0 cm

Mit Nadel 5,0 mmm in rot 6 Lm anschlagen und mit 1 Km zum Ring schließen.
Es wird in Spiralrunden weitergearbeitet.

Runde 1:
Jede M mit fM verdoppeln. (12 M)

Runde 2:
Jede 2. M verdoppeln. (18 M)

Runde 3:
Jede 3. M verdoppeln. (24 M)

Runde 4:
Jede 4. M verdoppeln. (30 M)

Runde 5:
Jede 5. M verdoppeln. (36 M)
Es wird in Reihen weiterarbeitet.

Reihe 1:
3 WLm, in jede M 1 Stb, die letzten 3 M nicht häkeln. (33 M)

Reihe 2-3:
3 WLm, in jede M 1 Stb. (33 M)

Reihe 4:
3 WLm, in jede M 1 Stb, enden mit 5 Lm (Schlinge). (38 M)
Schlinge an Reihe 3 vernähen. (Schlinge für Knopf)

SCHNEESTERNE:
Mit Nadel 1,5 mm in weiß 6 Lm anschlagen und mit 1 Km zum Ring schließen.

Runde 1:
3 Lm (1. Stb), 11 Stb um den Ring häkeln, enden mit 1 Km in 3. Lm. (12 M)

Runde 2:
3 Lm, 1 Km in 1. M, 3 Lm, 1 Km in dieselbe M, 3 Lm, 1 Km in dieselbe M, 2 fM, von * bis * 4-mal wiederholen.

Fertigstellung:
1.) Knopf so an den Tassenschoner nähen, dass er mit der Schlinge verbunden werden kann.
2.) Die Schneesterne nach Belieben befestigen.

Topflappen ca. 36 cm lang

MATERIAL:
ca. 35 g weiß bestehend aus:
45 % Baumwolle
55 % Polyacryl
50 g = 78 m Lauflänge

Reste in rot (ca. 15 g)
Reste in rosé (ca. 10 g)
Reste in schwarz
Reste in weiß (dünneres Garn)

GRUNDMUSTER:
Luftmaschen
Kettmaschen
Feste Maschen
Ganze Stäbchen

HÄKELNADEL:
5,0 mm

MASCHENPROBE:
14 M, 20 R = 10,0 x 10,0 cm

GRUNDFORM:
In weiß 6 Lm anschlagen und mit 1 Km zum Ring schließen.
Es wird in Spiralrunden weitergearbeitet.
Runde 1:
Jede M mit fM verdoppeln. (12 M)
Runde 2:
Jede 2. M verdoppeln. (18 M)
Runde 3:
Jede 3. M verdoppeln. (24 M)
Runde 4:
Jede 4. M verdoppeln. (30 M)
Runde 5:
Jede 5. M verdoppeln. (36 M)
Runde 6:
Jede 6. M verdoppeln. (42 M)
Runde 7:
Jede 7. M verdoppeln. (48 M)
Runde 8:
Jede 8. M verdoppeln. (54 M)
Runde 9:
Jede 9. M verdoppeln. (60 M)
Runde 10:
Jede 10. M verdoppeln. (66 M)
Weiter am Kreis in Reihen häkeln.
Reihe 1:
3 WLm, 1 Stb in jede M. (33 M)
Reihe 2:
1 fM, 3 Stb in 1 M, von * bis * 10-mal, enden mit 1 fM. (45 M)

MÜTZE:
Weiter am Kreis, 8 M überspringen.
Reihe 1:
In rot 10 fM häkeln. (10 M)
Reihe 2:
1. und 2. M zus abm, 1 fM in jede M. (9 M)
Reihe 3:
1. und 2. M zus abm, 1 fM in jede M. (8 M)
Reihe 4:
1. und 2. M zus abm, 1 fM in jede M. (7 M)
Reihe 5:
1. und 2. M zus abm, 1 fM in jede M. (6 M)
Reihe 6:
1. und 2. M zus abm, 1 fM in jede M. (5 M)
Reihe 7:
1. und 2. M zus abm, 1 fM in jede M. (4 M)
Reihe 8:
1. und 2. M zus abm, 1 fM in jede M. (3 M)

Reihe 9:
1. und 2. M zus abm, 1 fM. (2 M)
Reihe 10:
1. und 2. M zus abm. (1 M)

HAARE:
Am unteren Rand der Mütze ansetzen.
Reihe 1:
In weiß 10 fM häkeln. (10 M)
Reihe 2:
1 fM, 3 Stb in 1 M, von * bis * 3-mal, enden mit 1 fM . (17 M)

BOMMEL:
In weiß 6 Lm anschlagen und mit 1 Km zum Ring schließen.
Runde 1:
Um den Ring 12 Stb häkeln. (12 M)

GESICHT:
In rosé 21 Lm anschlagen.
Reihe 1:
1 WLm, 1 fM in jede M. (21 M)
Reihe 2:
1. und 2. M zus abm, 1 fM in jede M. (20 M)
Reihe 3:
1. und 2. M zus abm, 1 fM in jede M. (19 M)
Reihe 4:
1. und 2. M zus abm, 1 fM in jede M. (18 M)
Reihe 5:
1. und 2. M zus abm, 1 fM in jede M. (17 M)
Reihe 6:
1. und 2. M zus abm, 1 fM in jede M. (16 M)
Reihe 7:
1. und 2. M zus abm, 1 fM in jede M. (15 M)
Reihe 8:
1. und 2. M zus abm, 1 fM in jede M. (14 M)
Reihe 9:
1. und 2. M zus abm, 1 fM in jede M. (13 M)
Reihe 10:
1. und 2. M zus abm, 1 fM in jede M.

(12 M)
Reihe 11:
1. und 2. M zus abm, 1 fM in jede M. (11 M)

NASE:
In rosé 6 Lm anschlagen und mit 1 Km zum Ring schließen.
Es wird in Spiralrunden weitergearbeitet.
Runde 1:
Jede M mit fM verdoppeln. (12 M)
Runde 2:
1 fM in jede M. (12 M)

AUGEN (2 STÜCK):
TEIL 1:
In weiß 6 Lm anschlagen und mit 1 Km zum Ring schließen.
Es wird in Spiralrunden weitergearbeitet.
Runde 1:
Jede M mit fM verdoppeln. (12 M)
Runde 2:
Jede 2. M verdoppeln. (18 M)
TEIL 2:
In schwarz 3 Lm anschlagen und mit 1 Km zum Ring schließen.

Fertigstellung:
1.) Das Gesicht unterhalb der oberen Haare annähen und die Haare darüberlegen.
2.) Das Schwarz der Augen auf den weißen Teil der Augen nähen und diese mit der Nase im Gesicht befestigen.
3.) Die Bommel annähen.

Weihnachtsbaum ca. 15 cm lang

MATERIAL:
ca. 30 g hellgrün bestehend aus:
45 % Baumwolle
55 % Polyacryl
75 g = 117 m Lauflänge

Reste in rot
Reste in blau
Reste in gelb

GRUNDMUSTER:
Luftmaschen
Kettmaschen
Feste Maschen

HÄKELNADEL:
5,0 mm

MASCHENPROBE:
14 M, 20 R = 10,0 x 10,0 cm

SPITZE (TEIL 1):
In hellgrün 3 Lm anschlagen und mit 1 Km zum Ring schließen.
Es wird in Spiralrunden weitergearbeitet.
Runde 1:
Jede M mit 1 fM verdoppeln. (6 M)
Runde 2:
1 fM in jede M. (6 M)
Runde 3:
Jede 2. M verdoppeln. (9 M)
Runde 4:
1 fM in jede M. (9 M)
Runde 5:
Jede 3. M verdoppeln. (12 M)
Runde 6:
Jede 4. M verdoppeln. (15 M)
Runde 7:
Jede 5. M verdoppeln. (18 M)
Runde 8:
Jede 6. M verdoppeln. (21 M)
Runde 9:
Jede 7. M verdoppeln. (24 M)
Runde 10:
Jede 8. M verdoppeln. (27 M)

MITTELTEIL (TEIL 2):
In hellgrün 6 Lm anschlagen und mit 1 Km zum Ring schließen.
Es wird in Spiralrunden weitergearbeitet.
Runde 1:
1 fM in jede M. (6 M)
Runde 2:
Jede M verdoppeln. (12 M)
Runde 3:
1 fM in jede M. (12 M)
Runde 4:
Jede 2. M verdoppeln. (18 M)
Runde 5:
1 fM in jede M. (18 M)
Runde 6:
Jede 3. M verdoppeln. (24 M)
Runde 7:
1 fM in jede M. (24 M)
Runde 8:
Jede 4. M verdoppeln. (30 M)
Runde 9:
1 fM in jede M. (30 M)
Runde 10:
Jede 5. M verdoppeln. (36 M)
Runde 11:
1 fM in jede M. (36 M)

UNTERTEIL (TEIL 3):
In hellgrün 30 Lm anschlagen und mit 1 Km zum Ring schließen.
Es wird in Spiralrunden weitergearbeitet.
Runde 1:
1 fM in jede M. (30 M)
Runde 2:
Jede 5. M verdoppeln. (36 M)
Runde 3:
Jede 6. M verdoppeln. (42 M)
Runde 4:
1 fM in jede M. (42 M)
Runde 5:
Jede 7. M verdoppeln. (48 M)
Runde 6:
1 fM in jede M. (48 M)
Runde 7:
Jede 8. M verdoppeln. (54 M)
Runde 8:
1 fM in jede M. (54 M)

Fertigstellung:
1) Teil 1 auf Teil 2 setzen und festnähen.
2) Teil 2 auf Teil 3 setzen und befestigen.
3) Nach Wunsch und Belieben Perlen als Christbaumkugeln
   ansticken und mit dem roten/goldenen Faden kleine Bahnen
   ziehen.

Tipp:
Wer keine Perlen nehmen will, häkelt einfach 3 Lm und
mit 1 Km zum Ring schließen, und näht diese kleinen
Wollpunkte als Weihnachtskugeln auf den Baum.

Weihnachtskugel ø ca. 6 cm

MATERIAL:
ca. 5 g weiß bestehend aus:
100 % Baumwolle
100 g = 556 m Lauflänge

ca. 5 g Dekorationsfaden in bronze
dazunehmen

GRUNDMUSTER:
Luftmaschen
Kettmaschen
Feste Maschen
Ganze Stäbchen

HÄKELNADEL:
1,5 mm

MASCHENPROBE:
30 M, 40 R = 10,0 x 10,0 cm

In weiß und bronze doppelfädig 6 Lm anschlagen und mit 1 Km zum Ring schließen.
Es wird in Spiralrunden weitergearbeitet.
Runde 1:
12 hStb in den Ring häkeln. (12 M)
Runde 2:
Jede 2. M verdoppeln. (18 M)
Runde 3:
Jede 3. M verdoppeln. (24 M)
Runde 4:
Jede 4. M verdoppeln. (30 M)
Runde 5:
Jede 5. M verdoppeln. (36 M)
Runde 6-7:
1 Stb in jede M. (36 M)
Runde 8:
Jede 5. M abnehmen. (30 M)
Runde 9:
Jede 4. M verdoppeln. (24 M)
Netz über Kugel ziehen.
Runde 10:
Jede 2. M verdoppeln. (12 M)

Fertigstellung:
1.) Durch die oberen Maschen an der Aufhängung einen Faden ziehen, eng verbinden (ordentlicher Abschluss) und festnähen.
2.) Weitere Fäden vernähen.

Tipp:
Einfach mit verschiedenen Farben ausprobieren.

Weihnachtsstern Ø ca. 7 cm

MATERIAL:
ca. 15 g rot bestehend aus:
100 % Baumwolle
50 g = 115 m Lauflänge

Reste in hellgrün
Reste in gelb
Reste in grün

GRUNDMUSTER:
Luftmaschen
Kettmaschen
Feste Maschen
Halbe Stäbchen

HÄKELNADEL:
3,5 mm

MASCHENPROBE:
22 M, 29 R = 10,0 x 10,0 cm

BLÜTENBLÄTTER (6 STÜCK):
In rot 7 Lm anschlagen.
Reihe 1-5:
1 WLm, 1 hStb in jede M. (7 M)
Reihe 6:
1. und 2. M und 6. und 7. M zus abm. (5 M)
Reihe 7:
1. und 2. M, 1 hStb in jede M. (4 M)
Reihe 8:
1. und 2. M, 1 hStb in jede M. (3 M)
Reihe 9:
1. und 2. M, 1 hStb. (2 M)
Reihe 10:
1. und 2. M. (1 M)

BLÄTTER (2 STÜCK):
In grün 6 Lm anschlagen und mit 1 Km zum Ring schließen.
Es wird in Spiralrunden weitergearbeitet.
Runde 1:
Jede M verdoppeln. (12 M)
Runde 2:
Jede 2. M verdoppeln. (18 M)
Runde 3:
Jede 3. M verdoppeln. (24 M)
Runde 4:
Jede 4. M verdoppeln. (30 M)
Runde 4:
Jede 4. M verdoppeln. (30 M)
Weiter am Kreis in Reihen häkeln.
Reihe 1:
1 WLm, 1 fM in jede M. (7 M)
Reihe 2-7:
1 WLm, 1 M überspringen, 1 fM in jede M.

BLÜTENPUNKT:
In hellgrün 7 Lm anschlagen und mit 1 Km zum Ring schließen.
Runde 1:
1 fM in jede M. (7 M)

Fertigstellung:
1.) Die Blütenblätter in der Mitte zusammennähen und raffen, übereinanderlegen und auf ihnen den Blütenpunkt festmachen.
2.) Von hinten die Blätter annähen.
3.) Um den Blütenpunkt herum gelbe Punkte aufsticken.

Weihnachtswichtel ca. 27 cm lang

MATERIAL:
ca. 50 g rot bestehend aus:
100 % Baumwolle
50 g = 115 m Lauflänge

Reste in braun (ca. 15 g)
Reste in rosé (ca. 20 g)
Reste in schwarz (ca. 25 g)
Reste in weiß (ca. 25 g)

Füllmaterial ca. 3 Handvoll

GRUNDMUSTER:
Luftmaschen
Kettmaschen
Feste Maschen
Ganze Stäbchen

HÄKELNADEL:
3,0 mm

MASCHENPROBE:
22 M, 29 R = 10,0 x 10,0 cm

KÖRPER:
In rosé 6 Lm anschlagen und mit 1 Km zum Ring schließen. Es wird in Spiralrunden weitergearbeitet.
Runde 1:
Jede M mit fM verdoppeln. (12 M)
Runde 2:
Jede 2. M verdoppeln. (18 M)
Runde 3:
Jede 3. M verdoppeln. (24 M)
Runde 4:
Jede 4. M verdoppeln. (30 M)
Runde 5:
Jede 5. M verdoppeln. (36 M)
Runde 6-10:
1 fM in jede M. (36 M)
Runde 11:
Jede 5. M abnehmen. (30 M)
Runde 12:
Jede 4. M abnehmen. (24 M)
Runde 13:
Jede 3. M abnehmen. (18 M)
Runde 14:
Jede 2. M abnehmen. (12 M)
Runde 15-17:
In weiß 1 fM in jede M. (12 M)
Mit Füllwatte ausstopfen.
Runde 18:
In rot jede 2. M verdoppeln. (18 M)
Runde 19:
Jede 3. M verdoppeln. (24 M)
Runde 20-21:
1 fM in jede M. (24 M)
Runde 22:
Jede 4. M verdoppeln. (30 M)
Runde 23:
1 fM in jede M. (30 M)
Runde 24:
Jede 5. M verdoppeln. (36 M)
Runde 25:
Jede 6. M verdoppeln. (42 M)
Runde 26:
Jede 7. M verdoppeln. (48 M)
Runde 27-31:
1 fM in jede M. (48 M)

Runde 32:
Jede 7. M abnehmen. (42 M)
Runde 33:
Jede 6. M abnehmen. (36 M)
Runde 34:
Jede 5. M abnehmen. (30 M)
Runde 35:
Jede 4. M abnehmen. (24 M)
Runde 36:
Jede 3. M abnehmen. (18 M)
Mit Füllwatte ausstopfen.
Runde 37:
Jede 2. M abnehmen. (12 M)
Runde 38:
Jede M abnehmen. (6 M)

GÜRTEL:
In schwarz 37 Lm anschlagen und mit 1 Km zum Ring schließen.
Runde 1:
1 hStb in jede M. (37 M)

JACKENSAUM:
In weiß 36 Lm anschlagen.
Reihe 1:
1 fM, 3 Stb in 1 M, von * bis * 11-mal, enden mit 1 fM. (49 M)

NASE:
In rosé 6 Lm anschlagen und mit 1 Km zum Ring schließen.
Runde 1:
1 fM in jede M. (6 M)

AUGEN (2 STÜCK):
In schwarz 3 Lm anschlagen und mit 1 Km zum Ring schließen.

HUT:
In rot 6 Lm anschlagen und mit 1 Km zum Ring schließen. Es wird in Spiralrunden weitergearbeitet.
Runde 1:
Jede M mit fM verdoppeln. (12 M)
Runde 2:

Jede 2. M verdoppeln. (18 M)
Runde 3:
Jede 3. M verdoppeln. (24 M)
Runde 4:
Jede 4. M verdoppeln. (30 M)
Runde 5:
Jede 5. M verdoppeln. (36 M)
Runde 6-8:
1 fM in jede M. (36 M)
Runde 9:
In weiß 1 fM in jede M. (36 M)

ARME (2 STÜCK):
In rot 16 Lm anschlagen und mit 1 Km zum Ring schließen. Es wird in Spiralrunden weitergehäkelt.
Runde 1-7:
1 fM in jede M. (16 M)
Runde 8:
In weiß 1 fM in jede M. (16 M)

HÄNDE (2 STÜCK):
In braun 15 Lm anschlagen und mit 1 Km zum Ring schließen. Es wird in Spiralrunden weitergearbeitet.
Runde 1-2:
1 fM in jede M. (15 M)
Runde 3 (Finger):
10 fM, 5 M überspringen, weiter in Spiralrunden häkeln. (10 M)
Runde 4:
1 fM in jede M. (10 M)
Runde 5:
Jede M abnehmen. (5 M)
Runde 3 (Daumen):
Die übrigen 5 M + eine Verbindungsmasche von Fingern zu einer Runde schließen. Weiter in Spiralrunden häkeln (6 M)
Runde 4:
Jede M abnehmen. (3 M)

BEINE (2 STÜCK):
In schwarz 3 Lm anschlagen und mit 1 Km zum Ring schließen.

Es wird in Spiralrunden weitergearbeitet.
Runde 1:
1 WLm (1. M), 1 M überspringen, 1 fM, 6 fM in letzte M, nicht wenden, sondern auf der Rückseite der Lm weiter 1 fM, enden mit 5 fM in letzte Lm. (14 M)
Runde 2:
Es wird in Spiralrunden weitergearbeitet.
2 fM in 1. Lm, 1 fM, die nächsten 6 M verdoppeln, 1 fM, die nächsten 5 M verdoppeln. (26 M)
Runde 3-5:
1 fM in jede M. (26 M)
Runde 6:
7 fM, 6 M zus abm, 7 fM. (20 M)
Runde 7:
4 fM, 6 M zus abm, 4 fM. (14 M)
Runde 8-10:
1 fM in jede M. (14 M)
Runde 11-14:
In rot 1 fM in jede M. (14 M)

Fertigstellung:
1.) Einen Bommel auf der Mütze befestigen und am Kopf annähen.
2.) Hände an die Arme nähen sowie die Stiefel ausstopfen. Alles Fertige an den Körper an der richtigen Stelle anbringen.
3.) Schwarzen Gürtel etwas oberhalb der dicksten Stelle des Bauches festmachen.
4.) Den weißen Jackensaum ebenfalls an der gewünschten Stelle anbringen.
5.) Die Nase im Gesicht annähen. Darüber die Augen und einen kleinen weißen Punkt aufsticken.
6.) Den lächelnden Mund aufsticken.

Impressum

 Jetzt Fan werden
bei facebook!

© 2015 **garant** Verlag GmbH, Benzstraße 56, D-71272 Renningen
www.garant-verlag.de

Produktmanagement: Simone Halfar
Ideen und Herstellung: Doreen Dittrich
Fotos: Simone Halfar
Gestaltung und Satz: Simone Halfar

ISBN: 978-3-7359-1032-5

Erfahren Sie mehr!